ナットウーマン。

納豆に恋して、
キレイになる
「発酵美人」レシピ63

園山真希絵

はじめに

気づけば、毎日納豆がそばにいるので、一人生活が寂しくないんでしょうか、私（笑）。

なんて、しょっぱなから、そんな独身アピールをしても仕方ないのですが（笑）、それほど、朝昼晩問わず、納豆を食べているということです。

もう完全に夫婦、ん、家族関係ですね。

彼との馴れ初めは（笑）、中学1年生のころだったと思います。

私は、出雲の田舎で生まれ育ちましたが、幼いころは、まだ納豆文化が普及していなかったため（たぶん）、中学に入るまでは存在すら知りませんでした。

が、忘れもしない体重測定の日の夜、あまりに肥大した体重に、どんより顔で晩ご飯の食卓につくと、何やら見慣れないお豆の物体があるじゃないですか。

母曰く、「ぐるぐるかき混ぜて食べる発酵した大豆らしいけん（らしいから）、食べてみーかー（食べてみようか）。体によさげだと（よいみたいだよ）」と。

その奇妙な食べ物に、体重測定のこともすっかり忘れて、家族みんなで、初の納豆を、沈黙のまま、醤油だけかけ、ひたすらかき混ぜて、味わったのですが、「わー、ネバネバだ〜」ぐらいしか覚えてません（笑）。

味は、醤油の入れすぎで、ほぼ醤油味という印象しかなく……（苦笑）。

それが最初の出会いでしたので、つまり、第一印象は、「粘っこい醤油味」というわけです（笑）。

よって、別に好きでも嫌いでもなく、存在の薄い状態だったので、その後も、あれば食べるレベルでした。

しかし、（やや唐突ですが）最高体重が67kgにまで達し、にきびやアトピーがひどくなってしまった私の体を、リバウンドなく健康的に27kgのダイエットに成功させ、

かき混ぜる前に

現在のスーパー元気体に改善してくれた要因の一つが「納豆」なんです。

そこに気づいたのは、大学に入ってから、〝人を良くする〟と書く「食」の素晴らしさに目覚め、卒業後に、食の世界にのめりこみ、「食べて健康的に美しくなるもの」を追求して、好んで食べるようになってからですが、納豆について調べると、やはり健康的な心身を作る栄養の宝庫だとわかったんです。

以来、ヘンテコな第一印象だった納豆が、結婚相手にしたいほどのランクにまで上がっていったというわけです。

納豆のものすごい栄養価については、後に触れますが、私が尊敬する絶世の美女たちに美の秘訣話を聞いても、やはり納豆を好んで食べているとのこと。

ふむふむ、やっぱり納豆パワー様様なんです。

太りすぎて息をするのも辛く、肌もメンタルもボロボロで、人生を99％諦めていた三重苦時代の私を、心も体も元気にして、救ってくれた納豆は、まさに命の恩人と言っても過言ではありません。

そんなかけがえのない納豆への恩返しは、これからもおいしく食べ続け、健康的な自分を保ち、多くの方にも納豆の素晴らしさを伝えて、納豆も自分も、たくさんの方から愛されることじゃないかなって思います。

納豆をこよなく愛する「ナットウーマン」代表として、納豆とともに、皆様方のさらなる素晴らしい人生のお役に立てれば幸いです。

私は、納豆のように、粘っこく、よりよい香りを放ちながら、発酵し続けます。

園山真希絵

目次 CONTENTS

02　はじめに　～かき混ぜる前に～

06　ダイエットに、美肌に効くのも納得！
　　納豆のすごい栄養素たち

08　ナットウーマンの素、納豆いろいろ
　　味わいもいろいろ

10　この本のレシピのきまり

11　〝もう一品〟にも使える
　　ほとんど混ぜるだけの
　　「和え物」

12　「和え物」をおいしく、栄養よくいただく
　　ために　これさえ覚えれば
　　バリエーション豊かに♪

13　枝豆
　　枝豆らっきょ納豆
　　えだまめんたい納豆

14　トマト
　　納豆ブルスケッタ
　　トマかま納豆

16　かぼちゃ
　　かぼちー納豆
　　かぼちく納豆

18　アスパラガス
　　かりかりアスパラ納豆
　　アスパラー油納豆

19　ピーマン
　　ピーナツ納豆
　　ピーぺん納豆

20　ブロッコリー
　　ブロッこぶ納豆
　　ブロッコリン納豆
　　ブロッコリーの茎と、にんじんで、
　　納豆和え

22　キャベツ
　　キャベーコン納豆
　　キャベツナ納豆

23　セロリ
　　ふりふりセロリ納豆
　　ゆかりセロリ納豆

24　長ねぎ
　　長ねぎ長いも奈良漬け納豆
　　納豆をねぎらうチャーシュー

25　れんこん
　　レンコーン納豆
　　レンコブ納豆

26　さつまいも
　　さつまっしゅ納豆
　　さつま節納豆

27　きゅうり
　　ダブルえのきゅう納豆
　　きゅうたく納豆

28　レーズン
　　ゴルゴンレーズン納豆
　　カレーズン納豆

30 **大葉**
　さきイカ納豆
　生ハム大葉納豆

31 **キムチ**
　ひじきむ納豆
　きむたま納豆

32 **みょうが**
　妙なタコわさ納豆
　野沢菜みょうが納豆

33 **貝割れ大根**
　切干し貝割れ納豆
　黒豆貝割れ大根納豆

34 ナットウーマン。の〝まめまめしい〟日々①

35 **麺にパンに。ご飯以外にも
合うものが実は
たくさんの「主食」**

36 もずくなっとうーめん
38 めかぶ納豆つけうどん
39 おろし納豆つけ蕎麦
40 納豆冷やし中華
41 うなっとうパスタ
42 ちくわ納豆ロールサンド
43 納豆ピザトースト
44 納豆エッグロールパンサンド
46 ロコモコ風納豆タコライス
48 あなたとわたし丼
50 元気な奥様になれ丼
52 ナットウーマン。の〝まめまめしい〟日々②

53 **納豆はここまでおいしい！
おもてなしにも便利な
「主菜・副菜」**

54 納豆そぼろ　サンチュで包んで
55 マーボー納豆
56 納豆チゲ
57 豚しゃぶ納豆
58 納豆ダレのすきやき
60 サケのソテー～納豆タルタルソース～
62 海と水菜の〝うみずなっとう〟
　サラダ
　（魚介と納豆のサラダ仕立て）
64 納豆グラタン
66 ゴーヤ納豆チャンプル
67 ポテトサラダ納豆
68 納豆チヂミ
69 納豆かきあげ
70 納豆玉手箱の巾着煮
71 納豆ベジ冷汁
72 納豆ガスパチョ
74 ナットウーマン。の〝まめまめしい〟日々③

75 **お料理だけじゃもったいない！?
スイーツでも楽しむのが園山流**

75 納豆米粉パンケーキ
76 ノンオイル！ 納豆お豆腐ブラウニー
78 主な食材別 INDEX

5

ダイエットに、美肌に効くのも納得!
納豆のすごい栄養素たち

糖の燃焼に必要不可欠!
ビタミン B_1

糖質が分解されてエネルギーとなるときに必要な補酵素。水に溶けやすく熱にも弱いですが、納豆なら吸収もよく効果的に取ることができます。

脂肪を燃やすのに大活躍
ビタミン B_2

体内に溜まりすぎた脂肪をスムーズに燃やして脂肪太りを防ぐほか、細胞の再生を促して、健康な皮膚や髪、爪などを作る効果があります。

元気で丈夫な骨のために
ビタミン K_2

カルシウムが体内に取り込まれるのを促進し骨を丈夫にする効果が。納豆にはほかの食材の追随を許さないほど豊富に含まれています。

アンチエイジングをサポート
ビタミン E

細胞の老化を防ぐ働きがあり、血管を若々しく保つほか、更年期障害の症状として見られる頭痛、肩こり、冷えなどの改善にも効果が期待。

皮膚細胞を活性化し美肌に
カリウム

皮膚細胞を活性化させ、皮膚の再生も進めてくれるほか、ナトリウムの排泄を促進して血圧を下げる作用も。老廃物や疲労物質の蓄積も防ぎます。

細菌&ウイルスに対抗!
ジピコリン酸

大豆が納豆菌によって発酵することで発生する成分で、強い抗菌作用、抗ウイルス作用のほか、がん細胞を破壊するアポトーシス作用も。

腸の中からキレイに♪
納豆菌

大豆を発酵させて納豆を作る納豆菌は熱に壊れにくく、腸内でも発酵を進めて、腸内環境を酸性化。善玉菌が増殖しやすくなり、便通を促進します。

血液をサラサラにしてくれる
ナットウキナーゼ

納豆菌が作り出す血栓溶解酵素。血栓を溶かす働きがあると言われ、脳梗塞や心筋梗塞などの血栓症の予防・改善がおおいに期待できます。

消化吸収を高め肌もキレイに
ムチン

納豆のネバネバ成分。胃腸を強化し、消化・吸収を促進させることで栄養成分が豊富に取り込まれるように。皮膚の再生を進めるのにも役立ちます。

バツグンのデトックス効果
ポリグルタミン酸

納豆のネバネバの主成分。胃壁を守ったり、老廃物など毒素と言えるものの排泄を促進してくれます。また、肌の保湿機能を高めるうれしい効果も。

動脈硬化や心臓病対策に
リノール酸

血液をサラサラにしたり、悪玉コレステロール値を下げ、動脈硬化や心臓病を防いだり、腸内の悪玉菌の増加を抑える効果もあると言われています。

ビタミンE の40倍の抗酸化作用
セレン

抗酸化作用が強いミネラル。リンパ球のB細胞による抗体の産生を促し、免疫機能を高める作用のほか、抗がん作用も期待されています。

もともと栄養価の高い大豆が、納豆菌の作用によって発酵することで、さらに栄養がパワーアップ。これは一部ですが、特にナットゥーマンの美と健康に効く成分をご紹介。しっかり食べて、どんどん吸収してくださいね！

美容と健康の両方に作用
サポニン
大豆に含まれる成分で免疫細胞のエサとなるもの。抗菌・殺菌から美肌づくり、高血圧や血栓の予防まで、さまざまな効果が期待されています。

溜まった脂肪を分解・燃焼
リパーゼ
消化酵素のひとつで、消化を助けて、早める働きがあります。さらに、脂肪を分解したり、体脂肪を燃焼する力があると言われています。

若さを保つ女性ホルモン様作用
イソフラボン
女性ホルモンの分泌が低下したときにホルモンの代わりに作用します。大豆よりも納豆のほうが体内への吸収がいいので、作用が強くなっています。

血流UPでダイエットにも
レシチン
乳化作用によって血液中のコレステロールが血管の壁に沈着するのを防ぎ、血流をよくします。善玉コレステロールを増やすことも知られています。

糖質のエネルギー化を助ける
亜鉛
細胞の再生を進める酵素の働きを助ける補酵素。糖質がエネルギーになる際に欠かせないインスリンの働きを助けます。傷の治りを早める効果も。

腸の状態を整えて便秘を改善
食物繊維
便通を促進し、便秘に伴う肌荒れも改善。さらに、血糖値の上昇を抑えたり、コレステロールを吸着し体外に排出する作用もあります。

納豆〝まめ〟知識
切っても切れない
納豆のネバネバについて♪
納豆の粘りは左記のようにいろいろな栄養成分のたまもの。ちなみに、たくさんかき混ぜたほうがいいなんていう話を耳にしたことのある方もいるのでは？ でも実際は、混ぜる回数で栄養価は変わりません。自分好みの食感で楽しんでください。

ナットウーマンの素、納豆いろいろ

「粒」だけで
これだけ種類があります

大粒

大豆の風味やコクが感じられ、食べごたえも十分。納豆ならではの味わいがしっかりと楽しめます。

中粒

納豆独自の風味や味わいはきちんと残しながらも、大粒ほど主張が強くなく、食べやすいです。

小粒

大豆の味を残しつつもマイルドで食べやすい。タレやほかの食材ともよく絡むので、和え物などにも◎です。

極小粒

より小粒になることで滑らかさと喉越しのよさがUP。粒が小さいので食べやすく、ご飯にもよく馴染みます。

ひき割り

大豆をひき割って作ります。粒状のものよりも、はるかにマイルドでクセがなく、ソースやつけダレにも。

ほかにこんな納豆の仲間たちも！

枝豆納豆

その名のとおり、枝豆を使った納豆。枝豆ならではの青みや、ほんのりとした甘み、色みが特徴です。

わらづと納豆

わらについている天然の納豆菌の働きによって作られていた昔ながらの製法と、〝納豆といえば〟のパッケージ。

大徳寺納豆

京都特産の塩辛納豆のひとつ。納豆菌ではなく麹菌によって発酵させたもので糸は引かず、赤味噌に近い味わい。

味わいもいろいろ

近ごろの納豆は「タレ」がすごいんです

上ぶたの中にタレが入って、割ってかけるものが新登場！

[金のつぶ とろっ豆 パキッ!とたれ]

ふたをはがして

ふたをパキッ!と割る

タレが出てくる!

〝最新〟の納豆は、ふたを切り離し、パキッとふたを割るだけの簡単２ステップ。タレを混ぜる際の煩わしさを解消し、フィルムのごみも出ない画期的な新商品。

タレの味も種類が増えています

[金のつぶ　梅風味　黒酢たれ]

紀州梅と黒酢のほんのり甘酸っぱくてまろやかな味わい。においを抑えた納豆にさっぱりとした梅風味が引き立ちます。

浜納豆

静岡県の浜名湖が名産で、大徳寺納豆と同じ塩辛納豆。煮物や炒め物など、料理の隠し味としても使われます。

テンペ

インドネシア発祥の発酵食品。大豆をテンペ菌で無塩発酵させたもので、納豆のようなにおいや粘りはなしです。

実は……〝納豆〟ではありません

甘納豆

小豆や花豆などを煮て砂糖をまぶした和菓子。納豆の名でも、発酵食品ではなく実は納豆との関連性はありません。

この本のレシピのきまり

◎レシピの分量は、一部を除き、和え物料理は納豆１パック分で、そのほかの料理は２人分を目安に作られています。
◎電子レンジの加熱時間は600Wを目安にしています。W数の違いや、同じW数でも機種によって多少、差がでることがありますので、加熱時間は調整してみてください。
◎本文中の計量の単位は、１カップは200cc、計量スプーンの大さじ１は15cc、小さじ１は5ccです。
◎材料に「納豆」とあるものは基本的に「小粒納豆」です。なお「ひき割り納豆」となっている料理も、「小粒納豆」でも作れます。
◎納豆に付いているタレは、表記がない場合、お好みで使い分けてください。

まずは、材料をほとんど混ぜ合わせるだけの「和え物」から。ご飯にかける、だけではない相性抜群の食材たちとのおいしい食べ方をご提案します。「ディップ」としてかわいく使えるものも。語呂合わせ的な料理がいろいろ出てきますが、ただのシャレでなく、実は食材としての相性や栄養の組み合わせも、いいものばかりを選んでいるんですよ。

ほとんど混ぜるだけの "もう一品" にも使える

「和え物」

「和え物」をおいしく、栄養よくいただくために これさえ覚えれば バリエーション豊かに♪

ここからカンタンに作れる「和え物」を紹介していきます。合わせるものは、納豆に合う、栄養のある食材ばかりを選びましたが、以下の2カ条を覚えておけば、ご自身でもオリジナルの和え物や、ディップを作ることができますよ。いろいろ試してみてくださいね。

①食感の組み合わせを大事にしましょう

柔らかい食感の納豆には、噛みごたえのある食材を組み合わせてみます。こうすることで、バランスのいい食感が楽しめます。

②食材の大きさを納豆に揃えましょう

組み合わせる食材は、納豆の大きさに揃えてカット。ディップとしても使いやすくなり、一口で食材がすべてしっかり味わえます。

枝豆

ビールのお供の定番は
とってもお利口な
ヘルシー食材

大豆が持つたんぱく質などの栄養素と、緑黄色野菜が持つビタミンCなどの栄養素を兼ね備えた健康野菜。代謝を促して夏バテを防ぐビタミンB₁や、アルコールの分解を助け肝臓や腎臓の負担を軽くするメチオニンなども含みます。

枝豆らっきょ納豆

三位一体のおいしさに
思わず箸が進みます

[材料]
納豆…1パック
塩茹で枝豆（さやから出したもの）…20g
らっきょう（小口切り）…4粒分

[作り方]
材料をすべて混ぜ合わせる。

えだまめんたい納豆

食欲をそそる程よい辛さ
明太子はタラコでもOK

[材料]
納豆…1パック
塩茹で枝豆（さやから出したもの）…20g
明太子（薄皮を取ったもの）…1/2腹
しょうが（すりおろし）…小さじ1/2

[作り方]
材料をすべて混ぜ合わせる。

トマト

毎日でも食べたい美肌を目指すすべての女性の強い味方

ビタミンとミネラルをバランスよく含む緑黄色野菜。トマトの赤い色のもととなる成分のリコピンには強い抗酸化作用が。肌のメラニン生成を抑えて美白に導く働きや、生活習慣病の予防効果があると注目を集めています。

納豆ブルスケッタ

オリーブオイルとルッコラでおしゃれなおつまみが完成

[材料]
A 納豆…1 パック
　ミニトマト（4 等分に切ったもの）…
　3 個分
　バジル（手で小さめにちぎったもの）…
　適量
　オリーブオイル…小さじ 1
　塩・ブラックペッパー…各少々
スライスバゲット…適量
にんにく…1/2 かけ

[作り方]
❶ A は混ぜ合わせて、冷蔵庫で冷やしておく。
❷ スライスバゲットににんにくをすりこんだら、トースターで軽く焼き、粗熱がとれたら、①をのせる。

トマかま納豆

ルッコラとトマトでいつもの納豆がイタリアンに大変身

[材料]
納豆…1 パック
トマト（さいの目切り）…1/4 個分
かまぼこ（さいの目切り）…20g
ルッコラ（手で小さめにちぎったもの）
…適量

[作り方]
材料をすべて混ぜ合わせる。

かぼちー納豆

**ほのかな甘さと美肌効果!
女性にぴったりの一品**

[材料]
かぼちゃ（種とワタを取ったもの）…
60g
A 納豆…1パック
プロセスチーズ（さいの目切り）…

20g
アーモンド（砕いたもの）…3粒分
塩・ブラックペッパー…各少々

[作り方]
❶きれいに洗ったかぼちゃはやや小さめ
の一口大に切り、耐熱容器に入れて、ふ
んわりラップをし、レンジで約3分加
熱し、軽く塩をふって、混ぜ合わせる。
❷①の粗熱がとれたら、Aを加えて、
塩とブラックペッパーで味を調える。

かぼちゃ

ホクホクの甘さだけで なく熱に強いビタミンも 女性好み

カロテンやビタミンC、ビタミンE が豊富なうえ、かぼちゃの持つビタミン類は加熱しても壊れにくいので摂取しやすいです。また、体内のナトリウムを排泄してくれるカリウムをたくさん含むので、高血圧への効果も期待。

かぼちく納豆

口の中でいろんな味と
食感の変化が楽しめる

[材料]
かぼちゃ（種とワタを取ったもの）…
60g
A 納豆…1 パック
｜ちくわ（さいの目切り）…1 本分

[作り方]
❶きれいに洗ったかぼちゃはやや小さめの一口大に切り、耐熱容器に入れて、ふんわりラップをし、レンジで約 3 分加熱する。
❷①を取り出して、粗熱がとれたら、A と混ぜ合わせる。

アスパラガス

紫外線量が増え始める春から初夏が食べごろのキレイサポート野菜

ビタミンCがたっぷり。さらに、エネルギー代謝を活発にして疲労回復を早めたり、たんぱく質の合成を助けて皮膚の新陳代謝を活発にすることで、美肌効果が期待されるアスパラギン酸という成分を含みます。

かりかりアスパラ納豆

爽やかな梅の酸味がアクセント
彩り豊かで目にもおいしく

[材料]
アスパラガス…1本
A 納豆…2パック
　かりかり梅（粗みじん切り）…2個分
　炒り黒ごま…小さじ1
刻みのり…適量
七味唐辛子…適宜

[作り方]
❶アスパラガスは根元の硬い部分を切り落として、7㎜幅くらいの小口切りにし、耐熱容器に入れて、ふんわりラップをし、レンジで約40秒加熱する。
❷①を取り出して、粗熱がとれたら、Aを加えて混ぜ合わせ、器に盛る。刻みのりを添えて、お好みで七味唐辛子をふりかける。

アスパララー油納豆

桜エビとラー油がフワッと香り
お酒のお供にもぴったり

[材料]
アスパラガス…1本
A 納豆…1パック
　桜エビ…大さじ1
　ラー油…少々

[作り方]
❶アスパラガスは根元の硬い部分を切り落として、7㎜幅くらいの小口切りにし、耐熱容器に入れて、ふんわりラップをし、レンジで約40秒加熱する。
❷①を取り出して、粗熱がとれたら、Aを加えて混ぜ合わせる。

ピーマン

食べなきゃ損する!?
美と健康の要素が
ギュッと凝縮

レモン1個分に相当する豊富なビタミンCを含み、ビタミンCの吸収を助けるビタミンPも併せ持つスーパー食材。独特の香りのもとであるピラジンには血液が固まるのを予防する働きがあり、脳血栓や心筋梗塞の予防に効果的。

ピーナツ納豆

美肌を作る〝Wピー〟共演
味の決め手はウスターソース

[材料]
納豆…1パック
ピーマン（さいの目切り）…1/2個分
ピーナツ（砕いたもの）…3粒分
ウスターソース…小さじ1
こしょう…少々

[作り方]
材料をすべて混ぜ合わせる。

ピーぺん納豆

苦みのあるピーマンも
はんぺんでマイルドに

[材料]
納豆…1パック
ピーマン（さいの目切り）…1/2個分
はんぺん（手で小さめにちぎったもの）
…20g

[作り方]
材料をすべて混ぜ合わせる。

ブロッこぶ納豆

**とろとろの組み合わせは相性抜群
ミネラルもたっぷり**

[材料]
納豆…1 パック
ブロッコリー（小さめの小房に分けた
もの）…8 個くらい
とろろ昆布…ひとつかみ

[作り方]
❶耐熱容器にブロッコリーを入れて、ふ
んわりラップをし、レンジで約30秒加
熱する。
❷①を取り出して、粗熱がとれたら、そ
のほかの材料と混ぜ合わせる。

ブロッコリー

**ビタミンCの宝庫
さっと茹でて
葉や茎も残さず食べて**

各種野菜のなかでもトップクラスのビ
タミンC含有量を誇り、その量はレモ
ンのおよそ2倍。体内の解毒酵素や抗
酸化酵素の生成を促進させることから、
がん予防効果が期待され研究が進んで
いるスルフォラファンという成分も。

ブロッコリン納豆

リンゴと納豆の異色コラボで
胃腸に優しい一皿に

[材料]
納豆…1 パック
ブロッコリー(小さめの小房に分けたもの)
…8 個くらい
リンゴ（小さめのいちょう切り）…
1/10 個分
オリーブオイル・ブラックペッパー…
各適宜

[作り方]
❶耐熱容器にブロッコリーを入れて、ふ
んわりラップをし、レンジで約30秒加
熱する。
❷①を取り出して、粗熱がとれたら、そ
のほかの材料と混ぜ合わせる。

ブロッコリーの茎と、にんじんで、納豆和え

ブロッコリーのビタミンCを
壊さないようにんじんは加熱

[材料]
納豆…1 パック
A ブロッコリーの茎（外側の硬い部分
　は薄く削ぎ落としたもの）…4㎝
　にんじん…3㎝
オリーブオイル…小さじ 1/2

[作り方]
❶ A はさいの目切りにし、耐熱容器に
入れて、ふんわりラップをし、レンジで
約40秒加熱する。
❷①を取り出して、粗熱がとれたら、そ
のほかの材料と混ぜ合わせる。

キャベツ

お酒やタバコ好きには
特におすすめしたい
〝食べる胃腸薬〟

胃腸粘膜の新陳代謝を活発にしたり、肝臓の働きを助け肝脂肪を予防してくれるキャベジンという成分を含有。ビタミンCを豊富に含むが加熱すると破壊され半分以下に激減するためビタミンCを摂取したいなら生食がベター。

キャベーコン納豆

カロリーの高いベーコンも
納豆とキャベツで太りにくく

[材料]
納豆…1パック
キャベツ（せん切り）…1枚分
ベーコン（さいの目切り）…小1枚分
お酢…小さじ1/2

[作り方]
材料をすべて混ぜ合わせる。

キャベツナ納豆

パンにのせてもおいしい
キャベツとツナの王道コンビ

[材料]
納豆…1パック
キャベツ（粗みじん切り）…1枚分
ツナ（汁けを切ったもの）…小1缶分
ケチャップ…小さじ1〜2
こしょう…少々

[作り方]
材料をすべて混ぜ合わせる。

風味を楽しみながら 気分までリラックス 一石二鳥の香味野菜

ビタミン・ミネラル・食物繊維をバランスよく含んでおり、なかでもカリウムが豊富で、利尿作用が期待されます。特有の香り成分には食欲増進効果のほか、精神を落ち着かせてイライラや頭痛を和らげる効果があると言われます。

ふりふりセロリ納豆

ふりかけは間違いなしの鉄板！ ごま入りは特におすすめ

[材料]
納豆…1パック
セロリ（さいの目切り）…大さじ2
ふりかけ…適量

[作り方]
材料をすべて混ぜ合わせる。

ゆかりセロリ納豆

個性派の2つをゆかりが 爽やかな味に演出

[材料]
納豆…1パック
セロリ（小口切り）…6〜8cm分
ゆかり…小さじ1/2

[作り方]
材料をすべて混ぜ合わせる。

長ねぎ

風邪予防や免疫力の
UPに効果的!
忙しい女性にぜひ♪

緑の葉の部分には、体内でビタミンA
として働くカロテン。白い茎の部分に
は多くのビタミンCが。ねぎ独特のツ
ンとした香りのもとはアリシンという
成分で、血行をよくする働きやビタミ
ンB$_1$の吸収を助ける作用を持ちます。

長ねぎ長いも奈良漬け納豆

奈良漬けはたくあんでも代用可
長いものシャキシャキ感も◎

[材料]
納豆…1パック
長ねぎ（小口切り）…大さじ1
長いも（さいの目切り）…30g
奈良漬け（さいの目切り）…15g

[作り方]
材料をすべて混ぜ合わせる。

納豆をねぎらうチャーシュー

ご飯だけではもったいない
麺に絡めてもバツグン!

[材料]
納豆…1パック
長ねぎ（小口切り）…大さじ2
チャーシュー（さいの目切り）…
1～2枚分

[作り方]
材料をすべて混ぜ合わせる。

れんこん

食物繊維がたっぷり
納豆と組み合わせて
スッキリおなかに

鉄分の吸収を助けるビタミンB$_{12}$をはじめ、ビタミンCや各種ミネラルを含んでいます。れんこんの粘りけのもとであり、納豆にも含まれるムチンという成分には胃腸の消化を助け、腸を整える食物繊維も豊富に含みます。

レンコブ納豆

**昆布を入れることで旨みと
栄養価がグーンと UP！**

レンコーン納豆

**シャキシャキのれんこんと
コーンの魔法で子供も大喜び**

[材料]
納豆…1 パック
れんこん（きれいに洗ったもの）…30～40g
粒コーン（汁けを切ったもの）…大さじ 1
三つ葉（粗みじん切り）…適宜

[作り方]
❶れんこんはさいの目切りにし、水に 1 分さらして、水けを切り、耐熱容器に入れて、ふんわりラップをし、レンジで約50秒加熱する。
❷①を取り出して、粗熱がとれたら、そのほかの材料と混ぜ合わせる。

[材料]
納豆…1 パック
れんこん（きれいに洗ったもの）…30～40g
昆布の佃煮 or 塩昆布…3g
一味唐辛子…適宜

[作り方]
❶れんこんはさいの目切りにし、水に 1 分さらして、水けを切り、耐熱容器に入れて、ふんわりラップをし、レンジで約50秒加熱する。
❷①を取り出して、粗熱がとれたら、納豆・昆布の佃煮 or 塩昆布と混ぜ合わせ、お好みで一味唐辛子をふりかける。

さつまいも

おかずにスイーツに
いろんなレシピが
楽しめる万能役者

たんぱく質や脂質は少ないものの、エネルギー源となるでんぷんをはじめ、いも類の中でも特に多くの食物繊維を含み、ビタミンCも豊富。さつまいものビタミンCは加熱しても壊れにくいので、どんな調理にも使いやすいです。

さつま節納豆

カツオ節の旨みとごまの風味
完璧なハーモニーを楽しんで

[材料]
納豆…1パック
さつまいも（きれいに洗ったもの）…5cm
カツオ節…適量
炒り黒ごま…少々

[作り方]
❶さつまいもはさいの目切りにし、水に1分さらして、水けを切り、耐熱容器に入れて、ふんわりラップをし、レンジで約2分加熱する。
❷①を取り出して、粗熱がとれたら、そのほかの材料と混ぜ合わせる。

さつまっしゅ納豆

優しい甘さがクセになる
便秘解消にももってこい

[材料]
納豆…1パック
さつまいも（きれいに洗ったもの）…5cm
マッシュルーム（薄切り）…2〜3個分
オリーブオイル…小さじ1/2
ブラックペッパー…少々
あさつき（小口切り）…適量

[作り方]
❶さつまいもはさいの目切りにし、水に1分さらして、水けを切り、耐熱容器に入れて、ふんわりラップをし、レンジで約2分加熱する。
❷①を取り出して、粗熱がとれたら、そのほかの材料と混ぜ合わせる。

きゅうり

見た目や食感で料理に爽やかさをプラスする夏野菜の代表格

血圧を下げたり、利尿効果のあるカリウムや、抗酸化作用のあるカロテンなどを含んでいます。シャキシャキの歯触りとみずみずしさは納豆との相性もばっちり。納豆の臭みを和らげてくれるので、納豆嫌いさんにもおすすめ。

ダブルえのきゅう納豆

**みずみずしいきゅうりと
なめたけでツルッと食べやすく**

[材料]
えのきだけ（軸を切り落としたもの）…
1/4 袋分
A 納豆…1 パック
　きゅうり（さいの目切り）…20g
　なめたけ…大さじ 1
　カツオ節…適量

[作り方]
❶えのきだけは 3cm幅に切り、耐熱容器に入れて、ふんわりラップをし、レンジで約50秒加熱する。
❷①を取り出したら、余計な水分はキッチンペーパーでふきとり、粗熱がとれたら、A を加えて混ぜ合わせる。

きゅうたく納豆

**相性ピッタリ♪ 海苔巻きの
具の定番トリオがひとつに**

[材料]
納豆…1 パック
きゅうり（さいの目切り）…20g
たくあん（さいの目切り）…15g
わさび…少々

[作り方]
材料をすべて混ぜ合わせる。

ゴルゴンレーズン納豆

シャンパンや白ワインのお供に ホームパーティにも最適!

[材料]
A 納豆…1パック
　| ゴルゴンゾーラチーズ

（お好みのブルーチーズでOK。小さ めに切ったもの）…20g
| レーズン…10g
| ブラックペッパー…少々
スライスバゲット・クラッカーなど…各適宜

[作り方]
Aを混ぜ合わせる。お好みでスライスバ ゲットやクラッカーにのせて召し上がれ。

レーズン

カレーズン納豆

**春巻きやコロッケの具にすれば
お弁当のおかずにも**

[材料]
納豆…1パック
ハム（さいの目切り）…1枚分
レーズン…10g
クレソン（粗みじん切り）…適量
カレー粉…少々

[作り方]
材料をすべて混ぜ合わせる。

抗酸化作用をはじめ
滋味に富んだ
ドライフルーツ

干すことでぶどうの栄養成分が凝縮。ぶどう由来のミネラルやポリフェノールが含まれ、なかでも食物繊維やカリウムは生の状態と比べて倍以上の含有量を誇り、整腸効果や高血圧の予防などに有効作用します。

大葉

優れた殺菌作用で知られる薬味の代名詞

一度にたくさん食べるものではないものの、その栄養価は高く、各種ビタミンやミネラルを多く含みます。なかでもカロテンが特に豊富で、含有量は緑黄色野菜でもトップクラス。また、大葉の香りには強い殺菌作用と食欲増進効果あり。

さきイカ納豆

おつまみの定番が大葉と納豆で小粋なディップに

[材料]
納豆…1パック
さきイカ（大きなものは、手でちぎる）
…7g
しょうが（すりおろし）…小さじ1/2
大葉（手で小さめにちぎったもの）…
3～4枚分

[作り方]
材料をすべて混ぜ合わせる。

生ハム大葉納豆

イタリア食材をプラスすれば気の利いた箸休めに早変わり

[材料]
納豆…1パック
大葉（手で小さめにちぎったもの）…
3～4枚分
生ハム（手で小さめにちぎったもの）…
1～2枚分
バルサミコ酢・ブラックペッパー…各適宜

[作り方]
材料をすべて混ぜ合わせる。

特有の旨みと辛み ダイエット効果でも 注目される人気食材

唐辛子の辛み成分であるカプサイシンをはじめ、漬け汁に含まれる数々の野菜・果実・魚介類のビタミンやたんぱく質など、数多くの栄養素が豊富に。乳酸菌による発酵食品であることから、腸を整える働きも期待できます。

ひじきむ納豆

**納豆とキムチのパンチを
ひじきがまろやかに**

[材料]
A 納豆…1 パック
｜ ひじき（ぬるま湯で戻したもの）…
｜ 大さじ 2
｜ キムチ…50g
万能ねぎ（小口切り）…適量

[作り方]
A を混ぜ合わせて、器に盛ったら、万能
ねぎを散らす。

きむたま納豆

**炒り卵が加わることで
おかず感が倍増**

[材料]
納豆…1 パック
A 溶き卵…1 個分
｜ キムチ…40g
｜ にら（小口切り）…大さじ 2
ごま油…小さじ 1

[作り方]
ごま油を熱したフライパンで A をさっ
と炒め合わせ、粗熱がとれたら、納豆を
加えて混ぜ合わせる。

大人好みの風味が特徴
夏バテや食欲不振には
うってつけ

骨の形成を助けるマンガンや、体内の余計な塩分の排出を助けるカリウムが。みょうが特有の香りのもとであるアルファピネンはスギやヒノキなどにも含まれる香り成分で、リラックス効果や食欲増進効果があるとされています。

妙なタコわさ納豆

**タコのプリプリ感と
みょうがのアクセントが絶妙**

[材料]
納豆…1パック
タコわさ…大さじ2
みょうが（小口切り）…2個分
炒り白ごま…小さじ1

[作り方]
材料をすべて混ぜ合わせる。

野沢菜みょうが納豆

**野沢菜の旨みと食感が重なって
ご飯がモリモリ食べれちゃう**

[材料]
納豆…1パック
みょうが（小口切り）…1個分
野沢菜漬け（ざく切り）…30g

[作り方]
材料をすべて混ぜ合わせる。

貝割れ大根

ハートのような
愛らしい形は
飾りつけにも重宝

発芽直後の大根の苗。スプラウトとも
呼ばれ、抗酸化作用を持つカロテンや
ビタミンCを多く含みます。また、独
特のピリッとした辛みが味覚を刺激
し、食欲を増進させる効果も。安価で
手に入るのも魅力のひとつ。

切干し貝割れ納豆

貝割れ大根の辛みと一味
2種類のピリッと感で大人の味

[材料]
切干し大根…5g
貝割れ大根（軸を切り落としたもの）…
1/6パック分
A 納豆…1パック
　ぽん酢（味ぽん）…小さじ1～2
一味唐辛子…適宜

[作り方]
切干し大根はぬるま湯で戻し、しっかり
水けを絞り、貝割れ大根とともに、3cm
幅に切ったら、Aと混ぜ合わせる。お
好みで一味唐辛子をふりかける。

黒豆貝割れ大根納豆

甘じょっぱさがクセになる
新感覚の組み合わせ

[材料]
納豆…1パック
黒豆の甘煮（流水でさっと洗って、水け
をふきとったもの）…大さじ2
貝割れ大根（軸を切り落として、ざく切
りしたもの）…適量
プロセスチーズ（さいの目切り）…
20g

[作り方]
材料をすべて混ぜ合わせる。

おいしいものを届ける「食の仕事」に邁進

食プロデューサーとして雑誌などでレシピを紹介する以外にも、自分のお店やスイーツのプロデュースなど食を届けるたくさんの場に恵まれているナットウーマン。そんな感謝の日々の一コマをご紹介しちゃいます。

クレープ屋さんはじめ さまざまな食をプロデュース

オーナーの飲食店では 自ら厨房に立って采配を

世田谷のカフェでは米粉のクレープや、大好きなそば粉のガレットを考案。故郷島根の食材や豆乳はじめ、さまざまなお豆を取り入れた、おいしくて元気になれるスイーツなので、ぜひご賞味を。

オレンジカウンティ 経堂店
東京都世田谷区経堂 1-12-4
☎ 03-6413-6472
🕚11:00～22:00　無休
※写真の商品は期間限定品です

紹介制の家庭料理割烹「園山」にてオープン前の準備中。下ごしらえからお品書きまで、足を運んでくださるお客さまとの出会いを思い浮かべると、自然と気合が入ります！

ご飯やパン、麺類などの主食と納豆を合わせれば、手早く作れて栄養もたっぷりなワンプレートに。忙しい朝にぴったりなトーストや、休日のブランチにもおすすめのパスタに丼。また、食欲のないときにも、ツルッといただけるそうめんやお蕎麦など、納豆は実は万能なんです。

実はたくさんの「主食」
ご飯以外にも合うものが
麺にパンに。

そうめん

もずくなっとうーめん

**いつものそうめんを
ヘルシー食材で色づけ**

［材料・2人分］
そうめん…2人分
A 納豆…1パック
｜もずく酢…2パック
｜冷水…1カップ
B 長ねぎ（せん切り）・しょうが
｜（すりおろし）…各適量

納豆のとろみと麺類は、誰もが納得の好相性

すだち（薄切り）・七味唐辛子…各適宜

[作り方]
❶そうめんは茹でて、流水でしっかり洗い、ザルにあげておく。
❷Aを混ぜ合わせたら、2つの器に均一によそい、①のそうめんを半量ずつの

せ、上にBを添える。あれば、すだちを添え、七味唐辛子をふりかける。

うどん

めかぶ納豆つけうどん

**麺にしっかりと絡む
めかぶと納豆のとろみダレ**

[材料・2人分]
A ひき割り納豆…1パック
　めかぶ酢…1パック
　みょうが（小口切り）…2個分
　すり白ごま…大さじ1

茹でたうどん…2人分
一味唐辛子…適宜

[作り方]
Aを混ぜ合わせたら、茹でたうどんを
Aに絡めて召し上がれ。お好みで一味唐
辛子をふりかけて。

おろし納豆つけ蕎麦

**オリーブオイルの隠しワザで
風味と食べやすさが UP**

[材料・2 人分]
A 納豆…1 パック
｜大根おろし…1/2 カップ
B 茹でた蕎麦…2 人分
｜オリーブオイル…小さじ 2

あさつき（小口切り）…各適量

[作り方]
A・B それぞれ混ぜ合わせたら、A にあさつきを散らし、B を A につけて召し上がれ。

中華麺

[材料・2人分]
Aひき割り納豆…1パック
　練り白ごま・水…各大さじ1と1/2
　ぽん酢（味ぽん）…大さじ1
　しょうが（すりおろし）・ごま油…
　各小さじ1
冷やし中華用麺…2玉
オクラ…3本
トマト…1個
ワカメ（水で戻したもの）…20g
カニカマ…4つ
錦糸卵（薄焼き卵）…1枚

[作り方]
❶オクラはやや硬めに塩茹でして、しっかり水けをふきとり、縦半分に切る。トマトは薄めに切る。錦糸卵は細切りにする。カニカマは手で裂く。
❷冷やし中華用麺は熱湯で茹でて、流水で冷やし、水けを切って、①の具材やワカメとともに器に盛り付け、あらかじめ混ぜ合わせておいたAをまわしかける。

納豆冷やし中華

ごまのコクと納豆が相まって
奥行きのある味わいに

うなっとうパスタ

スタミナ満点の蒲焼きの味を活用
ひき割り納豆で辛みも引き立つ

[材料・2 人分]
ひき割り納豆…1 パック
ウナギの蒲焼き（短冊切り）…1 串分
スパゲティ…140g
長ねぎ（斜め薄切り）…1/2 本分
A にんにく（粗みじん切り）…小さじ 1
　｜鷹の爪（種を取ったもの）…1 本分
　｜オリーブオイル…大さじ 1
醬油…小さじ 1

塩・ブラックペッパー…各少々
粉山椒…適宜

[作り方]
①スパゲティは、塩を入れた熱湯で、袋の表記より 1 分短めに茹でる。
②フライパンに A を入れて中火にかけ、にんにくの香りがたってきたら、①のスパゲティとウナギを加えて、炒め合わせる。火を止めて、納豆・長ねぎ・醬油・ブラックペッパーを加えて、さっと絡めて器に盛り、お好みで粉山椒をふりかける。

パスタ

41

パン

いろんなシチュエーションで活躍
和洋折衷の素敵な出合い

ちくわ納豆ロールサンド

見た目もかわいい♡
超お手軽ロールサンド

[材料・5本分]
A 納豆…1パック
  ｜炒り黒ごま…大さじ1
ちくわ…小5本
サンドイッチ用食パン…5枚
B 梅肉・わさび…各少々

[作り方]
❶サンドイッチ用食パンの内側に、混ぜ合わせたBを薄く塗る。
❷Aを混ぜ合わせたら、ちくわの穴に詰めて、①の上にのせ、手前からくるくる巻いて、ラップで包み、両端を止める。お好みの大きさに切って召し上がれ。

納豆ピザトースト

2種類の味で食べ飽きない!
具材はお好みでアレンジを

[材料・2人分]
納豆…1パック
A ピーマン（さいの目切り）…
　│ 1/2個分
　│ 粒コーン…大さじ2
B ケチャップ…大さじ1
　│ 練り辛子…小さじ1/2
C ちりめんじゃこ…大さじ2
　│ 長ねぎ（小口切り）…大さじ1
のりの佃煮…大さじ1
D とろけるチーズ…40g

　│ ブラックペッパー…少々
食パン…2枚

[作り方]
食パンの片面半分に、混ぜ合わせたB
を、もう半分に、のりの佃煮を薄く塗り、
B側に、納豆の半量とAを、海苔の佃
煮側に、残りの納豆とCを均一にのせ、
Dを散らしたら、トースターでこんがり
焦げ目がつくまで焼く。

納豆エッグ
ロールパンサンド

**オムレツにしたらお弁当にもOK
ソースのおかげで臭みもナシ!**

[材料・2個分]
A 納豆…1パック
 │ 卵…1個
 │ ブラックペッパー…少々
B 中濃ソース・ケチャップ…各大さじ1
 │ 粒マスタード…小さじ1
サニーレタス（手でちぎったもの）…
適量
ロールパン…2個
オリーブオイル…小さじ1

[作り方]
❶ A を混ぜ合わせたら、オリーブオイルを熱したフライパンに流し入れ、2つの小さなオムレツ形（小判形）になるように焼く。
❷ ロールパンの中心に切りこみを入れ、内側に混ぜ合わせた B を薄く塗り、①とサニーレタスを挟む。

お弁当のおかずにはあまり向かない納豆も、卵と一緒に焼くことで扱いやすさが格段にUP。粒がバラバラになったり、タレなどがこぼれたりといった不安がなくなるだけでなく、加熱もしているので持ち運んでのランチにもってこい。美容食の納豆が、職場や外出先でも食べられる、キレイを目指す女性の強い味方です。

ご飯

[材料・2人分]
納豆…2パック
アボカド…1個
トマト（1cm角切り）…1個分
レタス（せん切り）…2〜3枚分
とろけるチーズ…30g
A ウスターソース…大さじ1
｜カレー粉…小さじ1/2
目玉焼き…2個
温かいご飯…2人分
レモン汁・塩・ブラックペッパー…各少々

[作り方]
❶アボカドは種と皮を取り、やや小さめ

の一口大に切り、レモン汁と塩を軽くふりかける。

❷納豆はタレとAとともに混ぜ合わせる。

❸とろけるチーズを熱したフライパンでこんがり焼き、かりかりになったら、キッチンペーパーにのせておく。

❹お皿にご飯を平らによそったら、レタスを敷き、上に①のアボカド、②の納豆、トマト、③のチーズ（手で割って）をのせ、中央に目玉焼きを置き、軽く塩とブラックペッパーをふりかける。

ロコモコ風納豆タコライス

お互いの味を引き立てる
食べごたえ十分の取り合わせ

ご飯＆納豆、王道の〝黄金コンビ〟は具だくさんでさらに魅力的に

[材料・2人分]
赤ピーマン（ヘタと種を取ったもの）…
1/2個
納豆…1パック
鶏のささみ…1枚
酒…小さじ2
A たくあん（さいの目切り）…20g

ワカメ（水で戻したもの）…20g
高菜漬け（ざく切り）…50g
シャンサイ…適量
※シャンサイが苦手な人はしそ（大葉）で。
B 温かいご飯…2人分
｜醤油…小さじ2

あなたとわたし丼

一皿で栄養たっぷりの優秀丼
名前は材料の頭文字から
しっかり混ぜて召し上がれ

［作り方］

❶耐熱皿に、鶏のささみを置き、酒をふりかけて、軽く塩をし、ふんわりラップをしたら、レンジで約2分加熱する。粗熱がとれたら、手で裂く。

❷赤ピーマンは5㎜角に切る。納豆はタレと混ぜ合わせる。

❸Bを混ぜ合わせたら、2つの器に盛り、上に、A、①の鶏のささみ、②の赤ピーマンと納豆を彩りよくのせる。

元気な奥様になれ丼

こちらも食材の頭文字から
積極的に取り入れたい
魚・海藻・豆・根菜が一度に

[材料・2人分]
A 納豆…1パック
│炒り黒ごま…小さじ1
B 大葉（せん切り）…3枚分
│レタス（せん切り）…1/2枚分
C マグロの赤身（さいの目切り）…
│40g

50

なめたけ…大さじ1
にんじん…1/6本
D さきイカ…ひとつかみ
刻み海苔…適量
温かいご飯…2人分

[作り方]
❶きれいに洗ったにんじんはピーラーで薄く剝く。A・B・Cはそれぞれ混ぜ合わせる。

❷丼に温かいご飯を盛ったら、①のにんじん、A、B、C、Dを彩りよくのせる。

旅先でたくさんの新しい刺激に出会っています

さまざまな出会いが待ち受ける〝旅〟にもよく出か
けます。地元の方やおいしいものとの出会いで、
たくさん笑い、たくさん食べて、キレイになる。
そう、旅とは、私にとって〝多美〟でもあるのです。

北は北海道、南は鹿児島、
沖縄まで全国を飛び回り、
いろいろな方々と直接お話
しし、大自然を満喫。その
土地、その土地の旬のもの
をたくさんいただく〝口福〟
な時間に、レシピなどのア
イデアもひらめき、新たな
気持ちになります。

撮影／酒井久美子、高岩二朗（左下、右下２枚）

園山さんの旅の模様はJAL特設サイトに詳しく載っています。
http://www.jal.co.jp/tabi/special/tabibito/01/

どちらかというと脇役のイメージがある納豆ですが、実は、和・洋・中、どんな料理にも使えて大活躍！ 立派にメインを張れるんです。納豆にはあまり火を通さないよう、最後に入れるのがおいしく仕上げるポイントです。

納豆はここまでおいしい！ おもてなしにも便利な [主菜・副菜]

納豆そぼろ
サンチュで包んで

**ひき肉&納豆は最強のコンビ
ご飯を一緒に包んでも最高!!**

[材料・2人分]
納豆…1パック
豚ひき肉…100g
A にんにく（みじん切り）・しょうが
 │（みじん切り）・ごま油…各小さじ1
B 合わせ味噌…大さじ1と1/2
 │みりん・酒…各大さじ1〜2
 │お酢…小さじ1
 │豆板醤…小さじ1/2
 │ブラックペッパー…少々

C サンチュ・韓国のり・大葉…各適量

[作り方]
❶ フライパンにAを入れて、中火にか
け、にんにくの香りがたってきたら、豚
ひき肉を加えて炒め、余分な脂分をふき
とり、あらかじめ混ぜ合わせておいたB
と納豆のタレを加え、さらに炒め合わせ、
豚肉に完全に火が通ったら、火を止める。
❷ ①の粗熱がとれたら、納豆を加え、さっ
と混ぜ合わせて、器に盛り、Cで包ん
で召し上がれ。

マーボー納豆

**厚揚げを使うことで
旨みとボリュームが格段に UP**

［材料・2人分］
納豆…1パック
厚揚げ（一口大に手でちぎったもの）…
1枚分
A 豚ひき肉…80g
　 長ねぎ（粗みじん切り）…1/3本
　 しょうが（粗みじん切り）…10g
にんにく（粗みじん切り）…1かけ分
ごま油…小さじ2
B 鶏ガラスープ…100cc
　 はちみつ…大さじ2
　 醤油・酒・甜麺醤…各大さじ1
　 豆板醤…小さじ1
水溶き片栗粉…大さじ1
万能ねぎ（小口切り）…適量

粉山椒…適宜

［作り方］
❶フライパンにごま油小さじ1とにんにくを入れて、中火にかけ、にんにくの香りがたってきたら、A を加え、ひき肉の赤みが消えたところで、あらかじめ混ぜ合わせておいた B と厚揚げを加え、軽く混ぜながら、煮たたせる。
❷①に水溶き片栗粉を加えて、とろみをつけたところで、納豆と残りのごま油を加え、火を止め、さっと混ぜ合わせたら、器に盛り、たっぷり万能ねぎを散らす。お好みで粉山椒をふりかける。

納豆チゲ

**火を通しても食感が残るよう
食材は大きめにカットして**

[材料・2〜3人分]
納豆…1パック
A キムチ…150g
  キャベツ…1/4個
  長ねぎ…1/2本
  クレソン…1/2束
  豚ばら肉…100〜150g
B 豆もやし（熱湯でさっと湯通しした
  もの）…1/3袋
  きくらげ（水で戻したもの）…
  6〜8個
しめじ…1/2パック
煮干し（頭とハラワタを取ったもの）…

20g
C 合わせ味噌…大さじ2〜3
  コチュジャン…大さじ2

[作り方]
❶鍋に煮干しを入れて、中火で、香ばしい香りがしてくるまで炒めたら、水500cc（分量外）を加えて、煮立ったところで、アクを取り、弱火で5分煮る。
❷Aは食べやすい大きさに切り、長ねぎはフライパンでこんがり焼く。しめじは手で裂く。
❸卓上鍋に①とCを溶かし入れて、中火にかけ、煮立ったら、②の具材（クレソン以外）とBを加えて、全体に火が通ったら、食べる直前に納豆とクレソンを加える。

豚しゃぶ納豆

**豚肉のビタミンパワーで
美ヂカラをチャージ**

[材料・2人分]
豚薄切り肉…100g
片栗粉…少々
A 納豆…1パック
 玉ねぎ（粗みじん切り）…1/4個分
 ごま油…小さじ1
 炒り黒ごま…少々
B 白髪ねぎ・貝割れ大根（軸を切り落としたもの）…各適量
塩…適宜

[作り方]
❶豚肉に薄く片栗粉をまぶしたら、熱湯（沸騰させすぎない）で茹で、ザルにあげて、軽く塩をふって、冷ましておく。
❷Aを混ぜ合わせたら、①の豚肉やBとともにお皿に盛りつける。
※味が足りなければ、塩をふって召し上がれ。

納豆ダレのすきやき

醤油ベースの割り下と納豆
和の味覚同士は相性ぴったり

[材料・2人分]
A ひき割り納豆…1パック
　| 卵…2個
牛ロース薄切り肉（すきやき用）…
200g
しらたき…1/2玉
長ねぎ…1/3本
白菜…1/3把
春菊…1/2把
舞茸…1パック
焼き豆腐…1/2丁
B だし汁…1/2カップ
　| 酒・みりん・醤油…各75cc
　| はちみつ…大さじ1

[作り方]
❶しらたきはさっと湯通しして、白菜や春菊とともに、食べやすい大きさに切る。長ねぎは、一口大の斜め切りにする。舞茸は手で裂く。焼き豆腐は一口大に切る。
❷鍋を熱し、あれば牛脂（分量外）を塗り、①の長ねぎを入れて、軽く焦げ目がついたら、Bを注ぎ入れ、①のしらたき・白菜・春菊・舞茸・焼き豆腐を並べ入れる。煮立ってきたら、具の上から牛肉を広げながら加えて、酒・みりん・醤油など（それぞれ分量外）で、お好みの味加減にする（濃い場合は、水を加えて調整する）。
❸食卓で、取り分け用の器に、あらかじめ混ぜ合わせておいたAを入れ、②の具を取り出して、絡めながら召し上がれ。

サケのソテー
〜納豆タルタルソース〜

**ピクルス代わりの
たくあん&しば漬けがポイント**

[材料]（2人分）
切り身サケ…2切れ
薄力粉・塩・こしょう…各少々
A ひき割り納豆…1パック
　たくあん（さいの目切り）…20g
　しば漬け（粗みじん切り）…20g
　マヨネーズ・プレーンヨーグルト…
　各大さじ1
　パセリ（粗みじん切り）…適量
　ブラックペッパー…少々
オリーブオイル…大さじ1
B ベビーリーフ・トマト（くし切り）…
各適量

[作り方]
サケに軽く塩・こしょうし、薄く薄力粉
をまぶしたら、オリーブオイルを熱した
フライパンで、両面こんがり焼いて、器
に盛り、あらかじめ混ぜ合わせておいた
Aをかけ、Bを添える。

海と水菜の
〝うみずなっとう〟サラダ
（魚介と納豆のサラダ仕立て）

野菜は旬のもので代用OK
ワインやシャンパンとも好相性

[材料・2人分]
A ひき割り納豆…1パック
　　茹でタコ（削ぎ切り）…100g
　　むきエビ…10〜12尾
水菜…1/2把
黄パプリカ…1/2個
ミニトマト…4個
ルッコラ…1袋
B 塩・ブラックペッパー・レモン汁・
オリーブオイル…各少々

[作り方]
❶水菜は4cm幅に切り、黄パプリカは細
切りにし、ミニトマトは半分に切ったら、
ルッコラとともにボウルに入れて、B
で味を調える。
❷Aを混ぜ合わせたら、①と器に盛り
付ける。

納豆グラタン

**ホワイトソースを長いもで代用
とっても手軽でヘルシーに**

[材料・2人分]
納豆…1パック
ほうれん草…1/2把
玉ねぎ（薄切り）…1/2個分
ソーセージ（小口切り）…2本分
A 長いも（すりおろし）…100g
　　無調整豆乳（牛乳でもOK）…
　　大さじ1〜2
　　西京味噌…小さじ2
とろけるチーズ…50g
塩・こしょう・ブラックペッパー…各少々

[作り方]
❶ほうれん草は3cm幅に切り、玉ねぎと
ともに耐熱容器に入れて、軽く塩・こ
しょうし、ふんわりラップをしたら、レン
ジで約1分加熱する。水分はキッチン
ペーパーでふきとっておく。
❷ボウルにAを入れてしっかり混ぜ合
わせたら、①とソーセージを加えて、軽
く混ぜ、最後に納豆を加え、さっと混ぜ
合わせ、器に流し入れる。
❸②にとろけるチーズを散らし、ブラッ
クペッパーをふりかけたら、トースター
でこんがり焦げ目がつくまで焼く。

ゴーヤ納豆チャンプル

**ごま油とにんにくが食欲を刺激
ゴーヤと納豆の新顔レシピ**

[材料・2人分]
納豆…1パック
ゴーヤ（ワタと種を取ったもの）…
15cm
厚揚げ…1/2丁
A にんにく（薄切り）…1かけ分
｜ごま油…小さじ2
ソーセージ…3～4本
溶き卵…1個分
B 醤油…大さじ1
｜鶏ガラスープの素…小さじ1
塩・こしょう…各少々
カツオ節…適量

[作り方]
❶ゴーヤは薄切りにする。厚揚げは手で一口大にちぎる。ソーセージは斜め半分に切り、ところどころ切り込みを入れる。
❷フライパンにAと塩少々を入れて中火にかけ、にんにくの香りがたってきたら、①のゴーヤを加えて、さっと炒め、さらに、①の厚揚げとソーセージを加え、ソーセージに軽く焦げ目がつくまで炒め合わせる。
❸②にBと納豆のタレ（あれば辛子も）を加えて、軽く炒めたら、溶き卵を回し入れ、塩・こしょうで味を調え、火を止め、納豆を散らし、全体をさっと混ぜ合わせる。器に盛ったら、カツオ節をふりかける。

ポテトサラダ納豆

**納豆と馴染みのいいポテトは
西京味噌の隠し味が決め手**

[材料・2人分]
納豆…1パック
じゃがいも…大1個
A きゅうり（小口切り）…6cm分
　 にんじん（薄めのいちょう切り）…30g
　 ツナ（汁けを切ったもの）…1缶分
　 プレーンヨーグルト（水切りしたもの）
　 …大さじ2
　 無調整豆乳（牛乳でもOK）…大さじ1
　 西京味噌…小さじ1
塩・ブラックペッパー…各少々

[作り方]
❶きれいに洗ったじゃがいもは一口大に
切り、水に1分さらして、水けを切り、
耐熱容器に入れて、レンジで約2分半
加熱し、取り出したら、粗く潰して、熱
いうちに軽く塩をふる。
❷①の粗熱がとれたら、Aを加えて混
ぜ合わせ、最後に納豆を加え、さっと混
ぜ、塩とブラックペッパーで味を調える。

納豆かきあげ

**納豆がつなぎになり揚げやすい
スナック感覚でおやつにも**

納豆チヂミ

**じゃがいもがメインのチヂミは
カリッとモチッとの歯触りが◎**

[材料・2人分]
A 納豆…1パック
│ じゃがいも（すりおろし）…200g
│ にら（小口切り）…20〜25g
│ 赤パプリカ（さいの目切り）…1/4個分
│ 炒り黒ごま・片栗粉…各大さじ1
│ 塩…少々
ごま油…小さじ2
B ぽん酢（味ぽん）…大さじ2
│ 練り辛子…適宜

[作り方]
ボウルにAを入れて混ぜ合わせたら、
ごま油を熱したフライパンに、6〜8等
分にした生地を流し入れ、両面こんがり
焼く。Bをつけて召し上がれ。

[材料・2人分]
A 納豆…1パック
│ 三つ葉（ざく切り）…1束
ごぼう…1/3本
B 天ぷら粉・冷水…各大さじ2
塩…少々
大根おろし・ぽん酢（味ぽん）…各適宜

[作り方]
❶ごぼうは皮をこそげ落とし、ピーラー
で短めに削ぎ、水に約3分さらして水
けをしっかり切る。
❷ボウルに①のごぼうとAを入れて軽
く混ぜ合わせたら、天ぷら粉（分量外）
を少々加えて、全体にまぶす。
❸別のボウルにBを入れて手早く混ぜ
合わせたら、②に加えて、軽く混ぜ合わ
せ、スプーンですくって、170℃に熱
した油に落とし入れ、2〜2分半揚げ、
軽く塩をふって器に盛る。お好みで、ぽ
ん酢をかけた大根おろしにつけて召し上
がれ。

納豆玉手箱の巾着煮

食べてびっくり!?
いろんな具材で楽しめる玉手箱

[材料・２人分]
油揚げ…３枚
A 納豆…１パック
  卵…１個
  にんじん（さいの目切り）…30g
  椎茸（さいの目切り）…２個分
  あさつき（小口切り）…大さじ３
B だし汁…300cc
  みりん・酒・醤油…各大さじ２
  はちみつ…大さじ１

[作り方]
❶油揚げはザルにのせて熱湯を全体に回
しかけ、横に半分に切って切り口をてい
ねいに開き、袋状にする。
❷ボウルにAを入れ混ぜ合わせたら、①
に１/６ずつ詰め、爪楊枝で口を止める。
❸鍋にBを入れて、中火にかけ、沸い
てきたら、②を加えて、弱火で約10分
煮る。

[材料・２人分]
A 合わせ味噌…大さじ１～大さじ１と
  1/2
  すり白ごま…大さじ１
  しょうが（すりおろし）・ごま油…
  各小さじ１
冷水…１と１/２カップ
B 納豆…１パック
  長いも（さいの目切り）…15㎝分
  オクラ（小口切り）…２本分
  赤パプリカ・黄パプリカ（さいの目切
  り）…各1/3個分
  きゅうり（さいの目切り）…10㎝分
大葉（せん切り）…４枚分

[作り方]
❶すり鉢 or ボウルにAを入れてよく混
ぜ合わせたら、冷水を徐々に加えて、そ
のつどよく混ぜ合わせる。
❷①にBを加えて混ぜ合わせ、器に盛っ
たら、大葉を添える。

納豆ベジ冷汁

夜食やお酒のあとの
シメにももってこい

71

納豆ガスパチョ

**ミキサー不要のガスパチョは
食べる〝美肌ディップ〟**

[材料・2人分]
納豆…1パック
A トマト…1個
  │ 黄パプリカ（ヘタと種を取ったもの）…
  │ 1/3個分
B きゅうり…1/2本
  │ セロリ…1/3本
C にんにく（すりおろし）…1/2かけ分
  │ 無塩トマトジュース…100cc
  │ 冷水…80cc
  │ タバスコ…2〜3滴
塩…少々

[作り方]
Aは5mm角に切る。Bは半分をすりお
ろし、残りは5mm角に切り、C・納豆の
タレ（あれば、納豆の辛子）とともに混
ぜ合わせ、塩で味を調える。器によそっ
たら、納豆を散らす（角切り野菜も仕上
げにトッピングしてもOK）。

〝人を良くする〟
食とともに人との絆を

「食」と同じくらい大切にしているのが「人とのつながり」。あるときはパワーや勇気を与えてくれ、またあるときは癒してくれる。「食を通じて」だとなお◎。そんな、敬愛する人々との出会いの日々が、私の元気の源です。

同郷の尊敬できる先輩を慕って

同じ島根県出身の佐野史郎さん。この日は、雑誌の取材で「園山」を訪ねてくださいました。

頑張ってくれる仲間たちと
成長の毎日

「園山」スタッフみんなでまかないご飯。いつも近くにいる私たちですが、いちばんゆっくり語り合える大切な時間です。

美と健康の日々を「マイ・スナップ」から!

10年来の〝心友〟、安めぐみちゃんとプライベートな夕食も。大好きな納豆で、美とパワーを一緒にチャージしました!

よく食べたら自分に合った運動もするのがナットウーマン! 私にとって納豆の人間版(!?)こと樫木裕実先生のカーヴィーダンス、粘っこく続けてます(笑)。

和の心は自分のなかで常にスタンダード。時々、着物を着て、心を凛とさせて。隣は片腕・事務所のマネージャーです。

お料理だけじゃもったいない!?
スイーツでも楽しむのが園山流

納豆でスイーツ？　と驚かれるかもしれませんが、意外や意外、正真正銘のスイーツができちゃうんです。しかも、納豆臭さが消えるので、言われなければ気がつかないかも（笑）。納豆嫌いのお子様にもぜひ作ってあげてほしいです。

納豆米粉パンケーキ

米粉とヨーグルトで出す
もっちり感と黒みつのコクがカギ

[材料・2人分]
納豆…1パック
A 米粉…150g
　｜ベーキングパウダー…小さじ1
　｜塩…少々
B 溶き卵…1個分
　｜プレーンヨーグルト…150g
　｜はちみつ…大さじ2〜3
オリーブオイル or バター…適量
マスカルポーネチーズ（クリームチーズ・サワークリームでもOK）・ミント…各適宜
黒みつ（メープルシロップ・はちみつでもOK）…適量

[作り方]
❶ボウルにAを入れて泡立て器で混ぜ合わせたら、Bを加えて、粉っぽさがなくなるまで混ぜ合わせる。
❷オリーブオイル or バターを熱したフライパンに、①の生地を流し入れ、8〜10cmほどタネを広げ、納豆をところどころに落としたら、弱火で焼く。表面がふつふつしてきたら、裏返して、約1分焼く。
お皿に盛り付けたら、お好みでマスカルポーネチーズなどをのせ、ミントを添え、黒みつをまわしかける。
※甘みを減らして、塩やブラックペッパーを加え、スモークサーモン・生ハム・葉野菜・サワークリームなどを添えれば、お食事系にも。米粉を薄力粉同分量に替えてもOK。

ノンオイル!
納豆お豆腐ブラウニー

**バター不使用! お豆腐が
メインの超ヘルシースイーツ**

[材料・1台分]
納豆…1/2パック
A 絹ごし豆腐（水けを切ったもの）…
　｜ 200g
　｜ 卵…1個
　｜ きび砂糖 or はちみつ…80g
板チョコ（刻んだもの）…70g
B 薄力粉…30g
　｜ ココア…10g
きんとき豆の甘煮…50g

[作り方]
※あらかじめオーブンは180℃に温め
ておく。
※あらかじめBはふるっておく。
※板チョコは湯煎にかけて溶かしてお
く。
❶ボウルにAと納豆のタレを入れて混
ぜ合わせたら、湯煎にかけて溶かした板
チョコときんとき豆の甘煮を加えてさら
に混ぜ合わせる。
❷①にふるっておいたBを加えて、粉っ
ぽさがなくなるまでゴムべらで切るよう
に混ぜ合わせたら、納豆を加え、さっと
混ぜて型に流し入れ、180℃のオーブ
ンで、35〜40分焼く。

野菜・果物

赤パプリカ	69	70
赤ピーマン	48	
あさつき	26	39 70
アスパラガス	18	
アボカド	46	
枝豆	13	
えのきだけ	27	
大葉（しそ）	30 48 50 54 70	
オクラ	40 70	
貝割れ大根	33 57	
かぼちゃ	16 17	
黄パプリカ	62 70 72	
キャベツ	22 56	
きゅうり	27 67 70 72	
クレソン	29 56	

ゴーヤ	66	
コーン（粒）	25 43	
ごぼう	69	
さつまいも	26	
サニーレタス	45	
サンチュ	54	
椎茸	70	
しめじ	56	
じゃがいも	67 69	
シャンサイ	48	
春菊	59	
しょうが	13 30 36 40 54 55 70	
セロリ	23 72	
大根	39 69	

玉ねぎ	57 64	
トマト	15 40 46 60 72	
長いも	24 64 70	
長ねぎ	24 36 41 43 55 56 57 59	
にら	31 69	
にんじん	21 50 67 70	
にんにく	15 41 54 55 66 72	

白菜	59	
バジル	15	
パセリ	60	
万能ねぎ	31 55	
ピーマン	19 43	
ブロッコリー	20 21	
ベビーリーフ	60	
ほうれん草	64	
舞茸	59	
マッシュルーム	26	

豆もやし	56	
水菜	62	
三つ葉	25 69	
ミニトマト	15 62	
みょうが	32 38	
リンゴ	20	
ルッコラ	15 62	
レタス	46 50	
れんこん	25	

米・パン・麺類

うどん	38	
ご飯	46 48 50	
サンドイッチ用食パン	42	
食パン	43	
スパゲティ	41	
スライスバゲット	15 28	
そうめん	36	
蕎麦	39	
冷やし中華用麺	40	
ロールパン	45	

豆類・豆製品

アーモンド	16	
厚揚げ	55 66	
油揚げ	70	
絹ごし豆腐	77	
きんとき豆の甘煮	77	
黒豆の甘煮	33	

主な食材別
INDEX

ピーナツ　　19

無調整豆乳　　64　67

焼き豆腐　　59

魚介・魚介加工品

ウナギの蒲焼き　　41

カニカマ　　40

かまぼこ　　15

サケ　　60

タコ　　62

タコわさ　　32

ちくわ　　17　42

ツナ　　22　67

はんぺん　　19

マグロ　　50

むきエビ　　62

めかぶ酢　　38

明太子　　13

もずく酢　　36

ワカメ　　40　48

肉・肉加工品

牛ロース薄切り肉　　59

ソーセージ　　64　66

チャーシュー　　24

鶏のささみ　　48

生ハム　　30

ハム　　29

豚薄切り肉　　57

豚ばら肉　　56

豚ひき肉　　54　55

ベーコン　　22

乾物・漬け物・佃煮

カツオ節　　26　27　66

かりかり梅　　18

韓国海苔　　54

きくらげ　　56

刻みのり　　18　50

キムチ　　31　56

切干し大根　　33

昆布の佃煮　　25

さきイカ　　30　50

桜エビ　　18

塩昆布　　25

しば漬け　　60

高菜漬け　　48

たくあん　　27　48　60

ちりめんじゃこ　　43

とろろ昆布　　20

なめたけ　　27　50

奈良漬け　　24

煮干し　　56

野沢菜漬け　　32

のりの佃煮　　43

梅肉　　42

ひじき　　31

ゆかり　　23

らっきょう　　13

レーズン　　28　29

卵・乳製品

ゴルゴンゾーラチーズ　　28

卵　　31　40　45　46　59　66　70　75　77

とろけるチーズ　　43　46　64

プレーンヨーグルト　　60　67　75

プロセスチーズ　　16　33

マスカルポーネチーズ　　75

そのほか

板チョコ　　77

ココア　　77

しらたき　　59

無塩トマトジュース　　72

園山真希絵（そのやま まきえ）

1978年1月5日生まれ 島根県出雲市出身
食プロデューサー・タレント
健康的なダイエットに成功した自らの経験を生かし、数々の雑誌でコラム・料理レシピなどを紹介するかたわら、テレビやラジオ番組にも多数出演。また、料理トークショー・講演会・料理教室などのイベント活動や、商品開発・食カウンセリング・飲食店経営も手がけるなど、活躍の場を広げている。『毎日食べたい野菜おかず』『新おうちごはん』（ともに学研パブリッシング）、『黒豆ダイエットレシピ』（共著・宝島社）、『ココロノ料理帖』（ポプラ社）など著書多数。日記「こころのごはん手帖」http://ameblo.jp/makiegg/ は毎日更新中！

撮影　泉 健太　原田 崇　原ヒデトシ　池田佳史　原田圭介
デザイン　土屋正人
料理スタイリング　まちやまちほ　廣松真理子
表紙スタイリング　黒田 領
ヘアメーク　浅見由香里
料理アシスタント　濱 涼子
取材　西 君予
編集　佐藤拓真
撮影協力　Oisix（おいしっくす）　http://www.oisix.com/
衣装協力　エプロン（表紙）／ニードワーク（NUEVO）☎ 03-5637-1533
　　　　　エプロン（P.7、P.10、P.80）／リリーブラン　http://lillyblanc.com

納豆に恋して、キレイになる「発酵美人」レシピ63
ナットウーマン。

2012年4月20日　初版1刷発行
2012年5月30日　2刷発行
著者　園山真希絵
発行者　井上晴雄
発行所　株式会社 光文社
　　　　〒112-8011　東京都文京区音羽1-16-6
　　　　電話　編集部　03-5395-8240
　　　　　　　書籍販売部　03-5395-8113
　　　　　　　業務部　03-5395-8125
　　　　URL　光文社　http://www.kobunsha.com/
印刷・製本　大日本印刷株式会社